JN439800

염소가 반 뜯어먹고
내가 반 뜯어먹고

강영란 시집

문학의전당 시인선
0258

염소가 반 뜯어먹고 내가 반 뜯어먹고

강영란 시집

문학의전당

시인의 말

큰 나무 아래는 작은 나무를 심지 않는다
당신 아래는 나를 심지 말았어야 했다

2017년 5월
강영란

차례

제2부

제3부

제4부

제1부

꽃의 끓는점

기름의 끓는점에 반죽을 떨어뜨린다
지글지글 튀겨지며 확확 피어나는 꽃들

세상 모든 꽃들은
끓는점에 필사적으로 핀다

그걸 사랑이라고 한다면
내 몸의 끓는점도 지금
확확하다

흰 동백

상(喪) 난
뒷집
이마를 맞댄
두 번째 각시와 그 딸의
담을 넘지 못하는 울음이
창궐했다

가제 손수건
툭.

꽃 밀서

어여뻐 보이고 싶은 이가 있는 거다

백 년쯤 지나 꽃잎 한 장 시들고
다시 오백 년쯤 지나 꽃 한 송이 시들면
곡신하듯 펼쳐 읽는 양화소록

꽃피면 다 봄이라 말하지 마라
울 일이 없다고 상처가 아니겠나
돌도 하늘이 하는 말을 들을 땐 귀꽃을 피운다

서귀포 동문로터리 돌아오는 밤
당신이 전하는 말을 들을 땐
내 온몸이 꽃이다

쌀뜨물이 가라앉는 동안

쌀뜨물이 가라앉는 동안
나는 어느 먼 산에 어스름이 가라앉는 걸 바라보는데
이윽고 그 산이 어둠에 완전히 잠길 때 생기는 침전물에 대해서 생각하는 것인데
쌀뜨물이 가라앉는 동안
물 위에 뜬 검은 쌀 서너 알갱이가
산 위를 고즈넉이 날아가는 까마귀 날갯짓처럼 보이기도 하는데

목련 꽃잎 같은 쌀뜨물 가만히 바라보다가
목련꽃 한 그루가 저녁 어스름에 서서히 물들어가는 것을 바라보고 있는 듯한데
그대여 그대는 나를 어떻게 물들이는가
나는 그대를 어떻게 물들이는가
쌀뜨물이 가라앉는 동안
나는 침전물에 대해서 바라보기만 하는 것인데
그대에게 침전되어 가는 나에 대해서 깊이 생각해보는 것인데

꽃머체

거기서 그대는 손 흔들고 계시라 내가 돌아올 때까지
참꽃나무 구실잣밤나무 떨잠 얹힌 족두리

세화리 지나 가시리
가만히 다녀오던 어머니 곁
둥근 눈썹 넘듯 넘어가던 마을

무량하게 손 흔들던 초록 떨새들
해 저물녘 출렁인다

건너편의 아름다운 그대여
온전하게 나를 가질 수 없음이 생의 마지막 슬픔일지라도
마음 내려놓지 마시라

내가 이 푸른 저녁을 건너 그대에게 갈 때까지
그대에게 꽃 한 송이 될 때까지

몹쓸 짓

나는 오늘
당신을 생각하지 않고
하루를 다 보냈다

어쩌다 흰

어쩌다 흰 것이 되어서
붉은 울음을 분홍으로 만들어내는가
검은 밤을 다독여 별을 만들어내는가

겨울 눈발 같은 것에 섞여 드는 봄빛같이
어쩌다
흰 것이 되어서
세상 모든 상처 위에 가난하게 바쳐지는가

어쩌자고 내 몸에서 피는 것은
다 흰 것이어서
붉은 울음의 비늘을 벗겨 분홍으로 만들라 하는가

그믐달로 휘는 등뼈 위에
뜨거운 돌 얹으면서
흰 분꽃
저녁 쪽으로 피워내면서

우련하다

올레 담
넝쿨장미
만화방창 속을
방금 지나왔다
애기무당 옷 입고
새벽 굿 따라가는
흰 뱀
희뜩
꼬리 보인
연옥 언니 머리창*

---

*머리창: 여자 상주의 머리에 꽂는 긴 헝겊오리.

오빠

처음 걷는 논틀길
자꾸만 미끄러지는 나를
저만큼 앞서가다 뒤돌아보고,
뒤돌아보고 하던 사람이
등짐 지는 척 손바닥을 슬몃 폈다
망설이던 내 손끝이 닿은 순간
손바닥에서 심장 뛰는 소리 들렸다

“다음엔… 업어줄게”

들판에 벼들이 일순간 다 익었다

다 짐

입춘도 지났으니 이제 꽃 오겠다
꽃 오면 보러 가자 엄마
자그락자그락 밥 먹다가
별이 참 밝네
말 뒤끝에
꽃 약속 미리 받아놓으려는데

다짐 받으려 말어라
늙으면 다짐들이
다 짐이 된다

그 옛날 다짐들이 다 짐이 되어오는 저녁

꽃 귀띔

네가 온다고 했다

작은 구릉을 넘고 매혹의 바다를 지나
물이끼의 시간을 스치듯 건너
자작나무 울창한 얼음의 골짜기를 바람으로 가르며
은빛 가루로 부서져 내리는 달빛비늘을 뚫고
단숨에 달려온 푸른 늑대의 이빨 사이로 번뜩이는 오리온 자리
불타는 눈빛을 내리감고 깊은 숨 고르며 마침내
내 귀를 저격하는 단 한 발의 총성

네가 온다고 했다, 이 봄에

아지랑이

이랑을 가는

가마솥 뚜껑 열듯
밭 뚜껑 열면

김 모락

보였다
안 보였다
하늘에 드는

흰 사슴 발톱

흑자주가 오면

흑자주가 오면
흑자주 물이 들면

입술을 건너온 포도 한 알
넓은 잎사귀 아래 숨어

그리움이라는 말의 둘레가
당신을 끌고 간다

때로 너무 멀리 있는 것들은
윤곽이 더 뚜렷해서

당신 앉았던 자리
따갑고 쓰린 단물
온몸 천천히 어둠이 든다

접착(接着)

스카치테이프를 뜯고 나서 보네
아버지 쇠스랑 날 흔적
잘 익은 거름더미
푹푹 찍어낼 때
투레질 한창인 배냇소
똥구슬 달고
어미 곁에 딱 붙었다

닭 볏 힘 돋는 봄날

섬전암(閃電岩)

번개를 삼킨 돌
파란 불꽃이 인다

꽃 같아
꽃 같아
활짝 핀

세상에 피면 꽃인 거지
비수든
파편이든

굳혀라

피었으면
지기도 하느니

모래가 돌이 되기도 하느니

포타렛지

산을 넘으면 또 산이 나오는
정짓간 살림은
아슬한 허공에 집 한 채 짓는 일

살래 안 엎어놓은 밥그릇 아래거나
고방 속 와궤 하나 덜어낸 한 줌 쌀이
집의 뼈대가 되던 시절

편안이란 닿을 수 없는 이어도 같은 거

골갱이 날도 휘는 돌잣밭
가세오름에서 내려오는 워낭 소리가
남십자성을 끌고 온다

어머니 주걱에 펼쳐지는
검푸른 저녁

제2부

아무도 모르듯이

꽃 한 송이 더 피었다
아무도 모른다

꽃 한 송이 졌다
아무도 모른다

내가 당신에게 갔다 와도
당신은 모르듯이

초록 속에 초록 감은

눈에 잘 보이지 않는
초록 속에 초록 감은
그래 그래 알고 있다는 듯이

사랑이라는 거, 그리움이라는 거
내 속에 숨은 그런 것들도
이미 그 속에 들어 있다는 듯이
감이 익으면
그렇게 붉어진다는 듯이

흰 꽃이 연두가 될 때

흰 꽃이 지고 갓 달린 열매는
연두 연두 살풋한데

연두가 연두가 아닌 다른 색을 가지는 건
오랜 시간 자신의 몸속을 헤집어야 하는 것인데

우리는 그걸 또 익었다고 말해주네

익음 속에 들어가 잊힌 연두
연두 속에 들어가 잊힌 흰 꽃

그 흰 꽃이 어느 날 다시 연두가 될 때
당신이 다시 내가 될 때

돌멩이

바위보다 더 오래 산 돌멩이는
자갈자갈
드디어 말하는 입 하나를 가졌는데

먼 산을 굴러다니다가
그래 별이 되어라

고구마줄기를 심는 성산포 수산마을
자갈자갈거리며

산 비린내 왈칵한
북극성들아

화수분

너를 보러 갔다가
꽃도 보고 왔다

봄 불

꽃이여! 활시위를 놓아라

서귀포 앞바다
찬란한 정밀의 과녁판에
꽂혀라

그 진동으로 봄은 진군해 오는 것이니
파도가 몰고 오는 흰 지느러미 등짝 위로
꽃 아가미들이 퍽퍽 꽂힌다

팔랑귀, 팔랑귀들아
귀 부벼 씻고
이 소식을 전하라

제 몸 투신하며 오는 봄이 있어
세상 모든 초록이 눈을 뜨는 것이니
부뚜막 불 피워라
지난겨울 주린 허리띠

숟가락 위에 얹히는
꽃밥 지어라

나비, 나비 들어온다

봄 불 들어온다

흰 봉숭아

손톱에 물들이면 주황색이 된다
흰 속에 감춰진 주황
내 속에 감춰진 너
짓찧으면 터져 나오는 심장

기억이 나지 않는 상처

기억이 나지 않는 상처 옆에 새로운 상처가 생겼다
프라이팬에 데이거나 칼에 베이거나
비슷비슷한 상처들은 비슷비슷한 흉터를 남기며 낫는다
오래된 상처가 새로운 상처에게 길을 내어준다
슬몃 맺히는 핏방울에
꽃무늬 손수건을 감싸주던 옛사랑 어디쯤 있는가
잘 다쳐서 기뻤던 잘 다쳐서 설렜던
기억이 나지 않는 상처
아래 숨겨놓은
꽃그늘
꽃그늘

조금 오래

모양이나 느낌 냄새가 비슷한 말들이 있어서
나는 조금 오래가 그런 거라고 생각하네
조금 오래는 늙수그레라든가 수굿하다라든가
순하고 아름다운 말이라 여겨져
나는 그대를 조금 오래 사랑한 적 있다네
조금 오래 묻은 미련과 아쉬움과 원망을 털어내지 못해서
나는 그렇게 늙수그레하고 수굿할 때까지
사랑한 적 있다네

씨도둑

한 말은 나와야 하는데
반 말밖에 안 나왔다고
딱 잡아떼는 밭을 자꾸 노려보시더니

뿌리지도 않은 콩이
한가득 한 것이

얼추 반 말은 됨직하다고
씨도둑 잡으려거든
열 달은 두고 보라 하신다

피딩타임

피딩타임
동틀 무렵이나 해 질 무렵 물고기들이 왕성하게
먹이를 사냥한다는 시간

깜박 든 낮잠이 그만 귀잠에 들어
어느 먼 사막을 화살로 다녀왔는지
해 질 무렵 화들짝 깨어나
물 한 잔 벌컥이며 마신다

이 생에 온 일이
그 물 한 잔 마시는 일이라는 듯
꽉 찬 압력으로 낚아채는 순간
어디에 숨어 있었나 내 안에 물고기
지느러미를 활짝 펼치니
다음 생은 시작된 건지도 모른다

이게 정말 다음 생이라면
나에게 마냥 사막이었던 당신

몇 광년이나 멀어진 물고기자리
아득히 부른다

소나무 숲에 들어

북쪽
어느 먼 고원지대에 두고 온 것이 있다는 듯
생의 중심점을 슬쩍 옮겨놓고 그쪽으로 쓰러져 가는
나무 한 그루

상처는 같은 것끼리 지문을 비벼야 달래지는 것
돌이 쓰러져 돌에게 기대듯
사랑이 쓰러져 사랑에게 기대듯
쓰러져 가는 나무를 받아 안는 건 또 다른 나무

북쪽

당신의 고백이 내 등에 푸른 가시를 일으켜 세우던 쪽
이렇게 아파야 당신임을 알았던 쪽

나는 여기서 당신을 그리워하고 있습니다, 당신은요?

거짓말

바람도 없는데
나무 한 그루
세차게 흔들렸다
지독하게 보내주마
생각한 순간이었다

애벌레들

시클라멘 잎사귀
밤새 칠성점을 각(刻)했네

제주시 칠성통
국자로 퍼 올린 하늘
만고객주

나는 상처보다 흉터를 사랑한다

강물이 뒤로 돌아갈 수 없는 것처럼
새겨지기 이전으로 돌아갈 수 없는 상처나 흉터는

상처는 아물기도 하고 잊히기도 하지만
흉터는 내 몸의 성좌
무덤까지 간다
그러니 나는 상처보다 흉터를 사랑한다

가시연이 베어져 열리면 꽃이 되듯
칼에 베인 손 피가 꽃이 되는 순간
내 몸에 저의 생을 기록하는 일에 몰두한
칼의 바깥

잘못 든 길은 상처이거나 흉터를 남긴다
애초에 너는 나의 사랑이 아니었는지도 모른다
지나갈 너와 다가오는 너 사이에 있는
상처이거나 흉터는
아프고 있거나 아팠었거나의 문제이다

마당에 나무 한 그루

마당에 나무 한 그루에게서
영혼을 위로받아 본 사람은
그 나무 한 그루가 사라지는 일이
태양과 달과 별의 세계가
어떻게 캄캄하게 저물어 버리는지 아는 사람이어서
몸속에 적멸 하나씩 들여놓고 사네

태풍에 부러진 가장귀는
따뜻한 밥을 짓는 부지깽이가 되기도 하는
그 부지깽이가 지은 밥을 먹어본 사람은
부러진 것들이 어떻게 불꽃을 다스리는지
내 안에 불을 어떻게 다스려야 하는지
불 비린내 가득한 정짓간에서
매운 눈물로 배우기도 하는데

어느 날 베어진 나무 한 그루
운다고 찾아오지 않는 옛사랑처럼
애수의 소야곡이 새벽 별에 걸린다

참! 이리 지극도 하였는가
세상 모든 초록이 깊어질 때
잃어버린 나무 한 그루 때문에 생손을 앓으니
그 곁에 놓아둔다
너여서 다 못했던 사랑

손바닥을 넘으면 손등이듯

손바닥을 넘으면 손등이듯
그리움을 넘어서니 당신임을 알겠네

세상 모든 앞면들이 가진 뒷면

한 그리움이 영원을 가면
한 당신도 영원을 가겠네

상현과 하현 사이

가장 가까우나 가장 먼
손바닥은 손등을 보지 못하네

당신은 나를 보지 못하네

제3부

염소가 반 뜯어먹고 내가 반 뜯어먹고

동지나물 몇 포기
그 맛은 또 어찌 알고
염소 두 마리가
깨끗이도 먹었다

꽃망울에 눈길 닿던 버릇이
푸릇해서 좋았는데
참 좋은 일 하나를 가져가 버렸다

염소 두 마리 다문다문 걸어온다
놀란 내가 먼저 가져와 버렸다

그대를 바라보는
이 푸릇한 버릇

벽쟁이

담에 붙어살아야 담쟁이인데
벽에만 붙어사니 벽쟁이라고

이 세상에 쟁이가 살아야 하는
담은 얼마나 남아 있는 걸까

유목처럼 담에서 벽으로 이동하는 초록 날개
죽지뼈 하나씩 떨어지는 날
어느 초원으로 당신이 이동하는 길을 따라가
게르에 지붕을 잇는 촘촘한 누빔이 되겠네

당신 그 아래 누워 천정을 올려다보며
내 속눈썹 같은 바늘 땀
하나하나 헤아려준다면
당신 쪽으로 물드는 피
나 꽃이라 불러주겠네
초원을 가르고 내게 오는 당신
꽃담이 되어

다 받아 안겠네

검은 무늬 동물

검은 무늬를 가진 동물은 그 무늬에
어떤 골짜기를 숨겨놓고 사나
몸이 할 말이 있어서 끄집어낸 안감

어떤 시절은 지독하게 견디어야 건너갈 수 있다는 듯
웅크린 검은 흡반 세상 모든 분홍의 뒷골목에 돌올하다

얼굴에 검은 멍을 들인 사람들은
어떤 골짜기 안에 숨어 사나
슬픔의 혀로 남몰래 빨아먹은 개기일식

검음의 힘을 버팅기는 찬란들의 무늬가 솟아오른다
겨울에도 꽃은 봄을 음각하며 핀다

달첩

그늘진 구석에 두면 외로워서 썩어버린다는
사람의 온기 가까이 두어 바라봐주고 만져주고
얘기도 걸어주어야 오래 간다는

늙은 호박
초승달 여남은 개 묶어놓은 달첩

잘 익은 한 덩어리 가를 때마다
어머니 계신
서녘하늘
울컥 걸리는 붉은 언월도(偃月刀)

소철꽃

소철꽃이 핀 집을 알고 있다
ㄷ자로 앉은 집 올레를 뾰족한 잎들이 호위무사로 지키는 집

백 년 동안 무슨 기다림으로 살았던 것인지
이사를 오자 꽃이 피었다

그것이 나를 알아본 것이다
내 안에 가시를 알아본 것이다

천천히 백 년을 거슬러 가는 동안
그는 한 마리 주홍빛 짐승으로 울었다

가시 위엔들 꽃 아니겠는가
백 년이 지난들 꽃 아니겠는가

내 발이 당신을 디딘다면

기울어짐에 대하여

한쪽으로 천천히 닳아 가면 뭐든 모르는 거지
가령 구두 뒷굽 좀 봐
몸에 중심이 저만큼 기울어질 때까지 몰랐던 거
요추 어디거나 고관절 어디가 아프고 있음을 몰랐던 거
그래 사랑이 있다손 치자
그게 서서히 닳아 가면 어떻게 알까
네가 나와 반대편으로 기울어진다고
쏘았던 화살이 돌아와 박히는 밤
그동안 중심 잡느라 나 몰래 애썼을 요추 어디
고관절 어디 더 이상 쓰다듬어 줄 수 없어
미안한 것인데
뒤늦은 통증은 기우듬히
네 쪽으로 가면서 지는 꽃

오래 기다려서 그대입니다

나무의 나이테가 넓으면 남쪽
좁으면 북쪽이니
그 치밀들은 더 많이 아픈 쪽

달이 차고 기울 듯
몸이 차고 기우는 기다림을 가졌으니

그 색(色)

생을 밀고 가는데
부족함이 없네

오늘 내 왼쪽 어깨가 치밀하게 아프니
당신 오는 곳은 왼쪽

그쪽으로

푹

꽃이 핀다,

진다

사랑 때문에 웃어도 좋다

너에게 가는 길은 너무 멀어서
꽃을 들고 가다 보면 시들어지고
물을 들고 가다 보면 말라버리네
어쩔거나 빈 몸으로 그 길을 걸어가서
문 앞에 내 심장을 놓아두고 올 수밖에
사랑 때문에 하루를 웃어도 좋고
사랑 때문에 백년을 울어도 좋다

옛날 애인

눈에 보이지 않고
색깔도 없고 소리도 없고
감전될 때까지 알 수 없는

16밀리 암페어

손을 떼려고 해도 떼어지지 않는
심장에서 발가락까지 순식간에
관통한 전류

저기 걸어온다

물들일 염(染)

저물녘의 어느 하루는 물드는 마음이 있다

저묾에서 저묾으로 옮겨 다니던
여백에서 여백으로 옮겨 다니던

적요한 달

당신을 통과한 것들로 나를 물들인다

뜻밖

당신을 사랑하게 된 건 내 뜻의 밖의 일

늦은 저녁거리에 대한 안부거나
바람 깊고 푸르니 비가 올 것 같다는 예감의 말 같은 일

어딘가로 날아가는 까마귀 떼에게 눈길을 주다가
우듬지 끝으로 시선이 슬몃 옮겨 앉는 일

이 길 모퉁이에 사는 누구네 집에 가볼까 생각을 여미는 사이
그쪽에서 나는 들깻잎 냄새

흰 죽이나 한 사발 먹고 싶은

이 작은 것들, 이 아무것도 아닌 저녁답에
어느 날 벼락같이 마음이 흔들린 일

당신을 사랑하게 된 건 정말 뜻밖의 일

당신의 리을

당신이 쓰는 리을은
밑부분을 넓고 둥글게 말아
포옹하듯이 팔을 내밀지

기억과 으와 니은이 만나
생긴 리을 안에는
ㄱ으로 시작되는 모든 당신의 기억과
ㅡ로 시작되는 기억과
ㄴ으로 시작되는 모든 기억이
둥근 팔 안에 소복하지

당신이 썼던 ㄹ이라는 글자를
둥글게 따라 써보며

ㄱ 속에 있는 그날의 '기차역'이나
ㅡ로 시작되는 '은하수 무리'나
ㄴ 속에 있는 흥얼거리던 '노래' 같은 것들

어쩌다 우리는 이토록 아무것도 아닐 수 있는지

천천히 오래도록 내 손가락은
당신의 리을을 다녀가지

꼬끼오

저 느닷없는 재채기
서너 번 거푸 터지고 나면
멋쩍은 눈
뒤룩뒤룩

눈

네가 벗은 신발 속에
따다 담은 찔레꽃

가지런
가지런

제발

마른 억새 둥치가 깊어
고사리가 올라오지 못한다고
걱정을 말든지
겨우 올라온 그걸
꺾지나 말든지

엄마
다 놔두고
꽃구경 가자

젓가락

밥상 위에서
말발굽 소리를 한번 내어야
등뼈 곧아진다

한 생애 곧게 걸은 젓가락
따뜻한 식탁 앞에 공손해졌다

밥 해놓고 갔니? 고맙다

몰래 지어놓고 온 밥에
예를 다하는 어머니

오늘 그 젓가락은 폼페이 신전이다

귀빈

어머니 귤 밭에 들어

아이고
꽂 잘 왔쪄 이

갓 푼 밥처럼
뜨겁게 맞이하는

끙

잡풀들 대충 꼬아 애기 업개 띠 만들어
밖에서 업어 온 짐 부려놓으니
헉삭한 정짓문 앞에
보름달만 한 호박 하나

손톱깎이

그건 제법 큰 재산 중 하나여서
기둥에 걸어놓고 썼는데

손잡이에 매달린 은색 고리가
참 아름답게 반짝여
반지처럼 껴보고
철없이 시집가고 싶기도 했는데

어느 날부턴가
잃어버린 줄도 모르고 살았다
마음속
둥근 반짝임들

화 하니
녹은
은단(銀丹) 꾸러미

제4부

푸리룽 노리롱

푸리룽은 푸르스름을 뜻하는 소리고
노리롱은 노르스름을 뜻하는 거지
딱 부러지게 푸르다 노랗다 결정되기 전
스펙트럼 색상을 건너 자신의 색으로 변해가는 중인
여러 날들을 보곤 하지
가령 벌그롱하다 하면 점점 붉은색으로 변해가는
꽃의 하루를 보는 거고
거무룽이라고 하면 검은색으로 변해가는
쥐눈이콩의 어느 하루를 보는 건데
푸리룽은
꽁지깃 푸르스름한 새의 하루를 보는 듯하다
그런데 어쩔까
노리롱 익어가는 귤의 하루를 푸리룽한 새가 쪼아 먹는다
우리 어멍 가슴 다 쪼아 먹힐라
하늘엔 그물도 없네 중얼거려보는데
"겨울 새도 먹어야 산다"
오늘 어멍 가르침 앞에 또 무릎 꿇는
하루를 사는 나는 무슨 색으로 변하는 중인가

가정가라 · 고정가라 · 아정가라

돌 틈 사이 흐르는 작은 폭포처럼 여러 갈래로 말해도
그 아래 모이는 물처럼 '가지고 가라'라는 뜻을
한 갈래로 얌전히 모두어 들이는데
꽃도 달도 새도 어여쁘다 소리에 어머니는 가정가란다
소 지나듯 느릿한 바람도 좋고
비 오듯 핀 무꽃도 좋고
햇빛에 찔려 꼬끼오 우는 저 닭의 느닷없는 재채기도
좋다 좋다 다 좋다 하니 아정가라 하신다
그까짓 거 다 놔두고 우리 어멍이나 고정왔으면
참말로 혼자 두고 돌아와야 하는 길
풍찬노숙의 저녁 그림자나 아정왔으면

꽝

무슨 폭탄 떨어지는 소리인 줄 아시는가?
뼈 이야기다

수요일쯤 되면
왜 하느님은 사흘 일하고 하루 쉬지 않고
엿새나 일하고 하루 쉬셨을까
궁시렁 묻는 내 게으른 질문에
벼락으로 내리친 어머니 한마디

"돌아 댕기는 개가 꽝 물어온다"

바당 알 어둑엉

날이 흐리니 바당 알 어둑엉
오늘 바당 농사는 다 글렀다고
밭일 하는 아지망들이
바당일 나간 아지망을 걱정하는데
해녀는 칠성판 등에 정 물에 드는 사람이라고
아까보다 더 내려앉은 어둠을 보며
바다에서 끝내 못 나왔다는
쉰 해녀의 죽음을 듣는다

그깟 바다 아래가 아무리 어두워봐야
그대 마음 안을 헤매는
내 마음만큼 어두우랴 생각하다가
그래 오늘은 바당 알 어두우니 그만 돌아가자

집이 참 멀다

생이 눈까리

흐드러졌던 귤꽃만큼 열매가 달려
오늘은 열매 좀 솎자는데
어머니는 생이 눈까리만큼 작은 걸 따서 버리란다
나는 그걸 하나씩 따서 버리며
새의 얇은 눈꺼풀 같은 걸 생각해보는데
나무 아래 수북한 새의 눈망울들이
나를 빤히 올려다본다

톡, 톡 소리 나다 툭 소리가 나니
저편에 있던 어머니
독수리 눈까린 떨어지면 안 된다

그 귀 참 밝기도 하시다

요자기

요자기라 써볼까?

아니면 소리 나는 대로 요작이라 써볼까

요자기라고 쓰면 무슨 조선백자 항아리 냄새가 나고

요작이라고 쓰면 작은 꽃잎이 살풋 벌어진 듯하고

'요 며칠 전'이라는 뜻을 지닌 이 말이

요 며칠 동안 볼 붉었다

요자기라 써서 항아리 고운 곡선을 흘러내리는 빛으로나 볼까

요작이라 써서 꽃술이나 세어볼까

그대의 사랑이 왔다 말하려는

요자기, 요작이부터

갸웃, 갸웃거려지는 이 고민

골갱이 농사

노는 밭이 아까우니 참깨라도 뿌려보자
아지망 넷이서 골갱이를 잡았는데
칠십 평생 농사만 지어 온 이력이라
트랙터로 밭 갈듯
일사천리로 일이 진행된다
이후로도 이 집 저 집 몰려다니며
여고생마냥 참깨 안부가 바쁜데
형님이 비료 뿌린 데 모르고
동생이 또 뿌렸다고
비 오기 전 삼백 평 가까운 밭을 후딱 긁어놓고
골갱이 네 개가 파이팅을 하는 것이다
씨 뿌리는 날 참기름 댓 병이 벌써 자식들 손에 들려졌는데
그걸 눈치챘는지 지금 참깨꽃 만경창파다

담 고망 농사

그 담 고망은 바닷바람이나 내보내주던가
지네나 뱀이 넘어 다니는 길이 되어주던가
현옥이 언니를 밤마다 불러내는
희철이 오빠의 어설픈 뻐꾸기 소리를
울림통으로 내보내곤 했지
현옥이 언니 몸 위로
담쟁이덩굴이 올라가기도 하고
칡넝쿨이 올라가기도 하고
그때마다 현옥이 어머니 골갱이가
눈 부라리며 담 고망을 지켜 서는데

어느 날 그 고망으로 불쑥 튀어나와 버린
연보라, 연보라 콩꽃
희철이 오빠를 똑 닮은 검은 콩 점이
팔뚝에 돌올하게 박힌 채
넌출넌출 뻗어가는 아이 울음소리

콩 불리는 목

설명할 수 없는 어떤 것들이 가진 아름다움이 있어
'콩 불리는 목'이 그중 하나가 아닐까 생각해보는데

콩깍지는 어지간한 바람에 불릴 수가 없어서
맵차게 돌아치는 바람 코쟁이가 있어야 한다는데
울돌목의 목처럼
바람이 울며 치는 길목을 일컫는다는
그 설명을 어떻게 받아 적어야 하나

내 가슴 구석 어디 네가 그렇게 카랑하게 들이치는
이곳이 그곳이라고 어떻게 설명하나

그곳에서 피우는 낮은 꽃의 기척을 어떻게 다독여야 하나

쥥이 먹지 말라고

엎어놓을 수 있는 것은 다 엎어놓고
덮을 수 있는 것은 다 덮었다

희여검검한 모서리에 쥥이야
너 이제 어쩔래?

그대 있음 하나로 쉼 없이 쏠아대는 내 마음 안에
고양이 한 마리 부려놓는다

건넛산

밭 갈 쉐 촐 먹어 가듯

꽃이 핀다
애인아

오물락

입 안에서 쪼갠 사탕 하나
한번만 더 빨아먹고 나눠주자 싶었는데
그만 목구멍 속으로 오물락 넘어가 버렸다
순간 안절부절 기다리던 동생
눈만 큰큰
눈만 큰큰

휙

어머니
생선가시를
우영팟에
휙

들고양이
휙

비린내로 다녀간
내 사랑도
휙

저들아 정

어머니 매일매일 저들아 정 못살겠다고
이런 걱정 저런 걱정 끝 간 데 없이
저들아 정이라는 글 바라보다가
정이라는 단어를 따로이 멀리 두고 보니
어머니의 정은 지엉이라는 말 가까이 다가가
등짐 지다라는 뜻으로 읽어낼 수밖에 없네
어머니의 등 뒤에 달라붙어 사는 지엉
조반 먹기 전에 한 짐씩 업고 오던 물미역같이 미끈거리고
보따리 가득 져 나르던 봄날 고사리같이 삐죽거리고
평생을 그 등에 업혀 살아온 자식들까지
하루도 빠짐없이 저들아 지는 일들뿐이네
저드는 일들도 이제는 정(情)이 들어서
차마 아무 데고 놔두지 못해
어르고 달래며 짐 지고 가네
저들 수 있는 일이란 일들은 모두 한 세월을 건너가네
저기 저 굽은 등허리 위에 앉아서

각설이

작년에 내가
이 들판에서 이름 붙여준
그 꽃이 틀림없다

꽃아!
나지막이 불렀더니
온몸을 흔든다

산 벌른 내

벌러진 건 단단한 그 무엇이
쩌억 소리가 나게 갈라져버린 것
한라산 서남쪽을 벌러버린 물줄기가
쇠소깍을 지나 서귀포 앞바다로 치달린다
그곳에 있다는 못 이룬 사랑의 전설보다도
산을 벌러버리면서 달려 내려왔다는
물줄기의 그 포효가 더 좋아
얼마나 신나게 내달렸을까
구상나무 지나 바위덩이를 지나 사슴의 발톱 사이를 지나
연분홍 철쭉 따위 아그배 꽃 따위 다 쓸어버리고
우르릉 우르릉 내리꽂으며
그 수심이 삼켜버린 별빛 같은 거
달빛 같은 거
새소리 같은 것들이
구실잣밤나무 아래, 담팔수 아래 캄캄하게 떨어진다
강물 아래 잠긴 나무의 늑골, 풀들의 늑골들이
물살에 쓸려 아가미로, 부레로 훑어진다
산 벌른 내

뒤에 끌려온 모든 꽃잎이란 꽃잎들의 발목이
웅덩이 끝이라는 소깍에 잡아 채인다

내 안에 너 든 순간이다

그림자

해가 말하길 거기에 있으라 해서 생겨났다

달이 말하길 아주 밝은 쪽에 있으라 해서
아주 밝은 쪽에 생겨났다

거기에 있으라!

네가 아주 말해주길 기다리며
네 뒤에 생겨났다

해설

존재에서 생성으로

오민석 문학평론가 · 단국대 교수

I.

독특한 제목의 이 시집을 읽으니 들뢰즈(G. Deleuze)의 '존재(sein, to be)'와 '생성(devenir, to become)'의 개념이 떠오른다. 존재가 멈추어 있는 것, 정해진 것, 그리고 단절된 것이라면, 생성은 진행 중인 것, 변하고 있는 것, 그리고 다른 무엇과 연결되고 있는 것을 의미한다. 이런 점에서 강영란에게 모든 사물들은 그 자체 존재가 아니다. 그것들은 정해진 강밀도(强密度 intensity)가 아니라 변화하는 강밀도이며, '이것'이면서 동시에 '저것'이 되고 있는 상태의 그 무엇이다. 그것들은 정해진 기관을 가지고 있지 않다는 점에서 '기관 없는 신체(body without organ)'들이며, 기관이 없으므로 무엇이든지 될 수 있는, '되기(생성)'의 과정에 있는 어떤 것들이다.

흰 꽃이 지고 갓 달린 열매는
연두 연두 살풋한데

연두가 연두가 아닌 다른 색을 가지는 건
오랜 시간 자신의 몸속을 헤집어야 하는 것인데

우리는 그걸 또 익었다고 말해주네

익음 속에 들어가 잊힌 연두
연두 속에 들어가 잊힌 흰 꽃

그 흰 꽃이 어느 날 연두가 될 때
당신이 다시 내가 될 때

—「흰 꽃이 연두가 될 때」 전문

사물들은 모두 '되기'의 과정 중에 있으므로 끝없는 현재이다. 꽃이 지고 나서 갓 달린 열매는 '익음'의 단계를 향한 현재이며, 꽃은 그 자체 이미 열매를 향하고 있는 현재이다. 그리하여 흰 꽃→갓 달린 열매(연두)→익은 열매 '되기'는 과거를 뒤로하는 끝없는 현재이고, 또한 모든 현재는 다른 미래를 향하고 있으므로 존재가 아니라 생성(되기)의 상태에 있는 것이다. 생성은 또한 '생산하는 욕망'이므로 기능이 아니라 에너지의 움직임이다. 그것은 하나의 강밀도가 다른 강밀도로 넘어가는, 욕망의 움직이는 그림이다. 가령, 그에게 있어서 "익었다"는 것은 정지된 상태가 아니라 "오랜 시간 자신의 몸속을 헤집"은 결과인 것이다.

이런 것을 전혀 의도하지 않았을 다음과 같은 작품은 시적 '되기'의 엄청난 진폭을 보여준다.

바위보다 더 오래 산 돌멩이는
자갈자갈
드디어 말하는 입 하나를 가졌는데

먼 산을 굴러다니다가
그래 별이 되어라

고구마줄기를 심는 성산포 수산마을
자갈자갈거리며

산 비린내 왈칵한
북극성들아

—「돌멩이」 전문

기관 없는, 그러나 욕망하는 기계인 "돌멩이"는 긴 역사 끝에("바위보다 더 오래 산") 드디어 "자갈자갈" 말하는 입—기계가 된다. 돌멩이는 기관 없는 신체인 바위의 시절부터 오랫 동안 말하기를 기다려왔고, 강밀도의 어느 순간 입—기관을 갖게 된 것이다. 여기서 "자갈자갈"이라는 단어는 생성의 살아있는 현재성을 정확히 포착한 의성어이다. 이 짧은 시 안에는 입—기계가 된 돌멩이가 자갈자갈 떠들어대는 수많은 서사(narrative)들이 감추어져 있다. 그것은 제주의 삼성신화(三姓神話)일 수도 있고, 4·3 항쟁의 고난의 이야기일 수도 있고, 돌담을 스쳐간 무수한 사랑의 서사일 수도 있다. 입—기계는 "먼 산을 굴러다니"며 숨겨진 수많은 이야기를 풀어놓는다. 이 이야기가 생성의 현재와 접속되는 것은 그것이 "고구마줄기를 심는 성산포 수산마을"이라는 구체어와 만나기 때문이다. 그러나 이 순간 입—기계는 별—기계가 '되어' 구체성의 세계를 먼 곳에서 내려다보고 있다. 그리하여 이 세계의 중심은 고구마줄기를 심는 성산포 수산마을이 되며, 바위, 돌멩이, 별은 그것을 에워싸고 돌면서 이야기를 만들어내는 여러 기계들이 된다. 이 접속이 추상적이지 않은 이유는 그것들이 생성의 과정 속에서 계속 "자갈자갈거리"기 때문이며, 그 감성의 구조가 "산 비린내 왈칵한" 것이기 때문이기도 하다. "왈칵"은 접속의 갑작스러움을 지칭하는 수식어이기도 하지만 "울컥"이라는 단어를 연상시키기도 한다. 그것은 갑자기 떠오른, 날것 그대로("산 비린내")의 슬픈 서사의 속성을 드러낸다, 긴 세월 동안 제주에서는, 비린내 왈칵한 한라산에서는 얼마나 많은 일이 일어났고 또 잊혔던가.

손톱에 물들이면 주황색이 된다
흰 속에 감춰진 주황
내 속에 감춰진 너
짓찧으면 터져 나오는 심장

—「흰 봉숭아」 전문

존재는 그 자체 단수(單數)가 아니다. 존재는 항상 수많은 다른 존재들과 접속되어 있으므로 그 자체 이미 복수(複數)이다. 존재가 그 자체 결여이면서 동시에 생산인 이유가 여기에 있다. 흰 것은 희면서 동시에 주황이고, "내 속에 감춰진 너"이며, 심장이기도 하다. 흰 것은 잠재성(virtuality)으로서 주황, 너, 심장이다. 그것은 언제든지 다른 것이 '되기'의 길 위에 있다. 그것들은 원뿌리와 곁뿌리의 구별이 없는 생성 그 자체의 에너지이며, 오직 움직이는 '되기'의 상태만을 가지고 있다.

II.

존재에서 생성으로 가는 그의 시들은 유사성의 원리에 '경쾌하게' 맞닿아 있다. 강영란의 시들은 의미의 건반들을 가벼이 두드리며 한 존재에서 다른 존재로 끊임없이 넘어간다. 그것은 의미를 생성하기 위해 떼어놓는 춤꾼의 스텝처럼 경쾌하고, 한 꽃에서 다른 꽃으로 넘어가는 나비의 날갯짓처럼 가뿐하다.

기름의 끓는점에 반죽을 떨어뜨린다
지글지글 튀겨지며 확확 피어나는 꽃들

세상 모든 꽃들은
끓는점에 필사적으로 핀다

그걸 사랑이라고 한다면
내 몸의 끓는점도 지금
확확하다

—「꽃의 끓는점」 전문

비등점에서 "반죽"은 "꽃"으로, 꽃은 "내 몸"으로 순식간에 변한다. 반죽→꽃→내 몸의 흐름, 즉 '되기'의 과정은 유사성의 원리에 의해 가동되고 있다. 그것들은 각기 다른 개체이지만 비등점에서 "필사적으로 핀다"는 유사성을 가지고 있다. 이렇게 "확확 피어나는" 것들은 생성의 최고온도에서 일어나는 변신(metamorphosis)의 속도와 강밀도를 보여준다. 은유란 이렇게 순식간에 일어나는 자리바꿈이며, 이렇게 해서 존재가 두 개 혹은 그 이상의 이름을 갖게 될 때, 우리는 그것을 시적 생성이라고 부른다. 그리하여 강영란의 시들은 존재들의 접속, 겹침으로 인한 존재의 변화, 생성, 되기의 언어인 것이다.

어여뻐 보이고 싶은 이가 있는 거다

백 년쯤 지나 꽃잎 한 장 시들고
다시 오백 년쯤 지나 꽃 한 송이 시들면
곡신하듯 펼쳐 읽는 양화소록

꽃피면 다 봄이라 말하지 마라
울 일이 없다고 상처가 아니겠나
돌도 하늘이 하는 말을 들을 땐 귀꽃을 피운다

서귀포 동문로터리 돌아오는 밤
당신이 전하는 말을 들을 땐
내 온몸이 꽃이다

—「꽃 밀서」 전문

다른 시들과 마찬가지로 이 시의 크로노토프(chronotope) 역시 '유구한 현재'이다. 수백 년을 통해 피고 지는 꽃잎의 사연이 "서귀포 동문로터리로 돌아오는" 현재의 서사와 겹쳐진다. 강영란은 돌처럼 유구한 역사를 현재와 접속시킴으로써 순식간에 살아나게 만든다. 돌이 귀꽃을 피우다니. 얼마나

무거운 생성인가. 꽃잎이 갖는 유사성은 그것들이 시든 "상처"들이라는 것이다. 상처는 침전된 사건들(역사)이므로 "울일" 같은 표피적 소음으로 이해할 수 없다. 그것은 하늘의 말을 들으려고 "귀꽃"을 열고 있는 돌처럼 깊은 퇴적의 시간을 가지고 있는 것이다. 당신이 전하는 말을 들으려고 내 온몸이 꽃으로 변할 때, 당신과 나의 사연 역시 깊은 퇴적의 역사를 갖게 된다. 하늘:돌=당신:나의 유비(類比)는 이러한 시적 생성의 복잡하고도 경쾌한 방정식을 잘 보여준다.

Ⅲ.

강영란의 언어는 이렇게 여기에서 저기로, 한 쪽에서 다른 쪽으로 넘어가고 건너가는 언어이며, 이 겹침의 연속이 존재를 끊임없이 피어나게 만든다. 한 꽃잎을 에워싸고 있는 다른 꽃잎, 다른 꽃잎을 에워싸고 있는 또 다른 꽃잎들.

> 저물녘의 어느 하루는 물드는 마음이 있다
>
> 저묾에서 저묾으로 옮겨 다니던
> 여백에서 여백으로 옮겨 다니던
>
> 적요한 달

당신을 통과한 것들로 나를 물들인다

—「물들일 염(染)」 전문

"적요한 달"은 생성의 에너지를 안으로 감추고 있는 기관 없는 신체이다. 그것은 아직 기관이 없으므로 무엇이든지 될 수 있고, 다시 무엇이 아닐 수도 있다. 그것은 무한한 생성으로 열려 있는 무정형의 에너지이다. 그것의 "여백"이 다른 여백을 만들고, 그것의 "저묾"이 다른 저묾을 만든다. 존재는 이렇듯 움직이는, 형성하고 형성되고 "물드는" 에너지로 가득 차 있다. 그것은 당신을 통과해 "나를 물들인다". 그러므로 강영란에게 있어서 모든 존재들은 생성의 세계 안에서 평등하다.

푸리룽은 푸르스름을 뜻하는 소리고
노리룽은 노르스름을 뜻하는 거지
딱 부러지게 푸르다 노랗다 결정되기 전
스펙트럼 색상을 건너 자신의 색으로 변해가는 중인
여러 날들을 보곤 하지
가령 벌그룽하다 하면 점점 붉은색으로 변해가는
꽃의 하루를 보는 거고
거무룽이라고 하면 검은색으로 변해가는
쥐눈이콩의 어느 하루를 보는 건데
푸리룽은

꽁지깃 푸르스름한 새의 하루를 보는 듯하다
그런데 어쩔까
노리롱 익어가는 귤의 하루를 푸리룽한 새가 쪼아 먹는다
우리 어멍 가슴 다 쪼아 먹힐라
하늘엔 그물도 없네 중얼거려보는데
"겨울 새도 먹어야 산다"
오늘 어멍 가르침 앞에 또 무릎 꿇는
하루를 사는 나는 무슨 색으로 변하는 중인가

—「푸리룽 노리롱」 전문

그에게 있어서 모든 존재들은 "딱 부러지게 푸르다 노랗다 결정되기 전" 혹은 후의 상태이다. 그것은 정주(定住)를 거부하는 유목민들처럼 늘 과정 속에, 즉 "변해가는 중"에 있다. 그의 시들은 유목의 존재들이 잠시 머무는 고원(高原)들이며, 그것들은 다가올 다른 유목의 상태를 꿈꾼다. 그리하여 그들에게 (마지막이라는) 터미널은 없다. 강영란의 시들에서 이렇게 한쪽과 다른 한쪽의 경계 상태 혹은 양쪽의 겹침의 '흐린' 상태를 그린 작품들이 많이 발견되는데, 그것은 그가 늘 과정으로서의 생성에 관심을 갖기 때문이다.

올레 담
넝쿨장미

만화방창 속을
방금 지나왔다
애기무당 옷 입고
새벽 굿 따라가는
흰 뱀
희뜩
꼬리 보인
연옥 언니 머리창

—「우련하다」 전문

이 시는 넝쿨장미가 애기무당으로, 애기무당이 흰 뱀으로, 흰 뱀이 연옥 언니로 환치되는 과정을 수직으로 나열한 것이다. 이 짧은 배열은 수많은 이야기를 담고 있다. 원문의 각주에 의하면 "머리창"은 "여자 상주의 머리에 꼽는 긴 헝겊오리"이다. 이 시는 넝쿨장미, 애기무당, 새벽 굿, 흰 뱀이 연출하는 그로테스크한 분위기에 죽음의 서사를 덧입히고 있다. 문제는 이 상태가 "우련하다"는 것이다. 한 존재가 다른 존재로 치환되는 과정을 "우련하다"고 표현한 것은 그 과정이 선명한 분절(分節)이 아니라 희미한 겹침이고, 매순간 중층적(重層的) 상태에 있음을 알려준다. 얼핏 보이는 순간마저도 "희뜩"이라는 부사어를 사용함으로써 이 시는 존재들의 다양한 겹침과 변환의 상태를 더욱 신비하게 만든다. 게다가 만화방창의 풍요로움과 죽음의 상징("머리창")을 등치시킴으로

써, 이 시는 사물들의 경계를 지운다.

마지막으로 이 시집의 다양한 성취 중에서도 특별히 눈에 띄는 것이 있는데, 그것은 이 중층적 겹침의 세계를 수묵화처럼 그려낸 다음의 시이다.

> 쌀뜨물이 가라앉는 동안
> 나는 어느 먼 산에 어스름이 가라앉는 걸 바라보는데
> 이윽고 그 산이 어둠에 완전히 잠길 때 생기는 침전물에 대해서 생각하는 것인데
> 쌀뜨물이 가라앉는 동안
> 물 위에 뜬 검은 쌀 서너 알갱이가
> 산 위를 고즈넉이 날아가는 까마귀 날갯짓처럼 보이기도 하는데
>
> 목련 꽃잎 같은 쌀뜨물 가만히 바라보다가
> 목련꽃 한 그루가 저녁 어스름에 서서히 물들어가는 것을 바라보고 있는 듯한데
> 그대여 그대는 나를 어떻게 물들이는가
> 나는 그대를 어떻게 물들이는가
> 쌀뜨물이 가라앉는 동안
> 나는 침전물에 대해서 바라보기만 하는 것인데
> 그대에게 침전되어 가는 나에 대해서 깊이 생각해보는

것인데

—「쌀뜨물이 가라앉는 동안」 전문

쌀뜨물에서 저녁 어스름에 서서히 물들어가는 목련꽃 한 그루를 찾아내다니. 이것은 은유를 뛰어넘는 기상(奇想 conceit)이다. 그 고즈넉한 풍경 안에서 주체("나")와 타자("그대")가 서로 물들어가는 과정은 얼마나 적막한 평화인가. 그것들은 단지 물들어가는 것만이 아니라 서로에게 "침전"되어간다. 그들의 서사는 역사가 되어가고 있는 것이다. 자타(自他)의 경계를 지우는 이런 발상이야말로 변화와 생성의 상상력이 아니고 무엇인가. 모든 주체들은 끊임없는 유목의 과정에 있다. 그것들은 다른 '무엇 되기'의 도상(途上)에 있다. 그 과정에서 때로 저녁 어스름처럼 황홀하게 섞이며 천천히 서로에게 가라앉는 "그대"와 "내"가 있다면, 그것은 유목의 주체들이 고원에서 만날 수 있는 지복(至福)이 아니고 무엇인가.

이 도서의 국립중앙도서관 출판시도서목록(CIP)은 서지정보유통지원시스템 홈페이지(http://seoji.nl.go.kr)와 국가자료공동목록시스템(http://www.nl.go.kr/kolisnet)에서 이용하실 수 있습니다.(CIP제어번호: CIP2017011120)

문학의전당 시인선 0258

염소가 반 뜯어먹고 내가 반 뜯어먹고

초판 1쇄 인쇄 2017년 5월 16일
초판 1쇄 발행 2017년 5월 23일
지은이 강영란
펴낸이 고영
책임편집 서윤후
디자인 헤이존
펴낸곳 문학의전당
출판등록 제2017-000002호
주소 서울시 마포구 마포대로 11길 91, 3층
전화 02-852-1977 팩스 02-852-1978
전자우편 sbpoem@naver.com

ISBN 979-11-5896-321-7 03810

* 이 시집은 2017년 한국문화예술위원회, 제주특별자치도, 제주문화예술재단의 지원을 받아 제작되었습니다.